선생님께

첫별이 떠 있는
첫바다를 당신에게 보냅니다.

안애정 드림.

그냥이라는 말

시산맥 기획시선 142

제44차 기획시선 공모당선 시집

그냥이라는 말

시산맥 기획시선 142

초판 1쇄 인쇄 | 2024년 12월 1일
초판 1쇄 발행 | 2024년 12월 5일

지은이 안애정
펴낸이 문정영
펴낸곳 시산맥사
편집주간 김필영
편집위원 신정민 최연수
등록번호 제300-2013-12호
등록일자 2009년 4월 15일
주소 03131 서울특별시 종로구 율곡로 6길 36. 월드오피스텔 1102호
전화 02-764-8722, 010-8894-8722
전자우편 poemmtss@naver.com
시산맥카페 http://cafe.daum.net/poemmtss

ISBN 979-11-6243-538-0 (03810) 종이책
ISBN 979-11-6243-539-7 (05810) 전자책

값 12,000원

충주시 충주문화관광재단

* 이 책은 충주시, 충주문화관광재단의 후원을 받아 충주문화예술지원사업의 일환으로 발간되었습니다.

* 이 책은 전부 또는 일부 내용을 재사용하려면 반드시 저작권자와 시산맥사의 동의를 받아야 합니다.

* 이 책은 교보문고와 연계하여 전자북으로 발간되었습니다.

* 본문 페이지에서 한 연이 첫 번째 행에서 시작될 때에는 〈 표기를 합니다.

* 저자의 의도에 따라 작품의 보조 동사와 합성 명사는 띄어쓰기가 달라질 수 있습니다.

그냥이라는 말

안애정 시집

| 시인의 말 |

내가 하고 싶은 말이

세상을 떠돈다.

그 말들을

온전히 내 것으로 만들고 싶지만

늘 손가락 사이로 빠지는

모래처럼 잡히지 않는다.

하지만 시에 대한 열망 버리지 못해

말의 씨앗을 갈무리하여

당신에게 보낸다.

2024년 11월, 안애정

■ 차례

1부

토정비결	19
그냥이라는 말	20
끝말잇기	22
혀의 꽃	24
바람은 동사$_{動詞}$다	25
벌새의 꿈	28
올챙이 하늘을 난다	30
악어가 산다	34
나그네새	36
종이의 반란	37
말의 홍수	38
새똥	39
오래된 편지	40
주문 P	42
터득골	43

2부

뱀의 유혹 47
거미줄 치는 48
그, 집. 50
납부고지서 52
첫사랑 54
지샌달 55
수목장 56
꿈에서라도 58
장마에 대한 기억 60
파꽃 62
환절기 63
너무나 큰 방 64
희망 고문 66
옛집에 지금 68
고향의 봄 70

3부

나도바랭이새	75
기생초	76
지지 않는 꽃	77
달콤한 흔적	78
부추	80
겨울 반성	81
달팽이 달리다	82
외출	83
봄바람	84
미선나무	85
은행나무 두 그루	86
무더기비	88
달강의 위로	90
달이 따라온다	91
쉿, 비밀	92

4부

새	97
엘렌델의 꿈	98
긴꼬리밀랍부리	100
꼬리난초	101
라임라이트 목수국	102
개망초	103
선운사 품다	104
목어	105
봄, 부르다	106
이카루스 날개	107
닻별	108
함부로	109
화귀火鬼	110
당단풍나무	112
한파주의보	113

■ 해설 | 김효숙(문학평론가)　　115

1부

토정비결

올해는 말을 조심하란다

혀만 함부로 놀리지 않으면
몸에 꽃이 핀단다

용띠 뱀띠와 섞이지 말고
말띠 토끼띠와 어울려 놀란다

어쩌나 내 서방이 토끼띠인데

그냥이라는 말

그냥이라는 말은 관심을 요구하는 말이었어

무심함 속에 의문부호를 숨겨두고 모호한 태도로 접근했으니 집중 안 해도 되는 줄 알았지

어느 방향에서나 손 내밀 수 있게 약간의 친절함을 갖추었지만 적당히 무관심으로 비껴가도 미안하다는 형용사로 얼버무릴 수 있는 틈도 허락했지

이른 새벽 눈 속에 파묻혀 죽은 까마귀가 발견되고 얼어붙은 강물 사이에 갇힌 큰고니가 발견되는 아침 9시

하늘과 하늘 사이에서 혼자 발견되는 산과 산 사이에서 혼자 죽어가는 물과 물 사이에서 혼자 떠 있는 의문사가 늘어가는 밤 9시

아침과 밤이 돌고 돌아가는 길 위에서 그냥이라는 말이 접속사의 무게로 다가설 때가 있음을 알았지

네가 던진 그냥이 포함된 문장을 해석하기 위해 어느 낮에

는 온종일 걸어 다녔고 어느 밤에는 풀밭 위에서 돌아다니는 양들의 수를 세었지

변화는 일어나지 않았어, 난 너를 그냥 기다리기로 했어

끝말잇기

끝말잇기는 언제부터 시작되었을까

끝말과 첫말 사이 연결하기 위해
표준국어대사전을 끼워 넣지만
탈출하는 자음과 모음

어떤 말은 자신을 드러내기 위해
베스트셀러 제목이 되고

어떤 말은 숨기 위해
폐기되는 책의 문장이 되고

어떤 말은 새로운 재미를 위해
카카오 펑 틱톡 네이버 숏폼이 되는

명사와 명사가 부딪히며
만들어가는 소리 끝말잇기

혀를 꼬며 신조어 만들 듯
한 방 먹이기 위해 끌어오는 두음법칙

〈
우리의 아름다운 끝말잇기
언제 끝나는 걸까

혀의 꽃

오늘 혀가 가출합니까
내일 혀가 출가합니까

가출과 출가 사이에
미묘한 신경전이 벌어집니다

자유 갈망하는 손이
문을 열고 나갑니다

무료함 견디지 못한 발이
길 따라 무작정 걷습니다

혀가 사라져 심심한 입은
껌을 씹습니다

점점 부풀어 오르는 풍선껌
뻥 하고 터지면
사방에서 침이 들어옵니다

혀에 꽃이 피는 순간입니다

바람은 동사動詞다
- 四季

소소리바람
꽃샘바람
꽃바람
살바람
샛바람
동부새
녹새
솔솔바람
명지바람
높새바람

마파람
앞바람
심마바람
피죽바람
박초바람
홀레바람
도새
벼락바람
노대바람

〈
갈바람
건들마
색바람
하늬바람
곧은바람
서늘바람
솔바람
강쇠바람
소슬바람
서릿바람

눈꽃바람
눈바람
뒤울이
높바람
된바람
댑바람
손돌바람

칼바람
고추바람
황소바람
매운바람

벌새의 꿈

남미에 가본 적 있니
파나마 운하를 통해 북미와 연결되는 곳

너를 만나려면
나는 누구의 혀를 빌려야 할까

소리 흡수하는 달팽이관으로 들어가면
진동이 울릴까

일 초에 여든 번 날갯짓해야
하늘을 날 수 있는 벌새처럼 윙윙대면
너는 내 목소리 들을 수 있을까

붉은가슴벌새 검은뺨벌새 초록관밝은벌새
초록은둔벌새 검은턱벌새 루비토파즈벌새
애기뒷부리벌새 붉은목벌새 제비꼬리벌새

북미에서 남미까지 대륙을 가로지르는
세상에서 가장 작은 벌새가 되면
꽃 앞에서 정지한 부리처럼

너를 향한 내 촉 모두 거두면
나는 너로부터 자유로워질 수 있을까

올챙이 하늘을 난다

가루비
가랑비
가을비
구슬비
고사리장마
개부심
개똥장마
겨울비
그믐치
궂은비
날비
는개
늦장마
단비
달구비
도둑비
마른장마
먼지잼
모종비
모다깃비

목비
못비
무더기비
바람비
발비
밤비
보름치
보리장마
보슬비
봄비
봄장마
부슬비
비보라
비꽃
산돌림
소나기
술비
스무날비
실비

새벽비
아침비
안개비
약비
억수
억수장마
여우비
오란비
우레비
웃비
이슬비
자드락비
작달비
작살비
잠비
잘비
장대비
장맛비
줄비

진비
찬비
첫비
칠석물
채찍비
큰비
호미자락
흙비
햇비
꿀비
꽃비
떡비

올챙이가 유영한다

올챙이가 축축한 이끼꽃을 피운다

올챙이가 꽃향기 맡으며 하늘을 난다

악어가 산다

고속도로에는 악어가 산다

귀 열어놓고
때론 선잠에 빠지는 악어 옆을
2023 포드 레인저 랩터가 지나가고
2022 포르쉐 마칸 S가 지나가고
2017 현대 아슬란이 지나가고
2010 람보르기니 무르시엘라고 슈퍼벨로체가 지나가고
2015 에쿠스 바스 770이 지나가고
2019 쉐보레 임팔라가 지나가고
2015 재규어 라이트웨이트 E-타입이 지나가고
2022 포드 머스탱이 지나가고
2005 쌍용 KG 모빌리티 무쏘가 지나가고
2021 포니 헤리티지가 지나가고
가끔은
동족인 2022 포르쉐 카이멘 E-하이브리드 쿠페가 지나가도
눈을 뜨지 않는다

그러다 2016 닷지 바이퍼 GTS가 비틀비틀 기어가거나
2019 폭스바겐 비틀이 날아가면

달려가 사정없이 문다

안개를 좋아하지 않지만, 투명한 안개 기다리는
비를 좋아하지 않지만, 따뜻한 비 기다리는
눈을 좋아하지 않지만, 쓸쓸한 첫눈 기다리는
악어에게는 대형마트에서 타인의 카드를 긁는 아내가 있고
할머니 손 잡고 잠드는 일곱 살짜리 딸이 있다

고속도로 갓길에는 바닥에 떨어진 시간을 먹고
하루를 견디는 악어가 산다

나그네새

갈색제비 개구리매 제비불떼새 개꿩 개비잡이 검은가슴물떼새 검은딱새 검은머리물떼새 검은머리촉새 긴꼬리때까치 긴발톱할미새 깝짝도요 꺅도요 꼬까도요 꼬까참새 꼬마물떼새 넓은이마홍때까지 넓적부리도요 노랑눈썹멧새 노랑눈썹솔새 노랑딱새 노랑때까치 노랑머리할미새 노랑발도요 노랑부리저어새 노랑지빠귀 노랑턱멧새 노랑할미새 대륙검은지바퀴 되지빠귀 마도요 목도리도요 물닭 물레새 물수리 민물도요 밀화부리 발구지 버들솔새 붉은발도요 붉은부리찌르레기 붉은양진이 붉은어깨도요 비둘기조롱이 세가락도요 솔딱새 쇠부엉이 쇠붉은뺨멧새 쇠솔딱새 쇠청다리도요 알락꼬리마도요 왕새매 울새 유리딱새 장다리물떼새 잿빛쇠찌르레기 제비딱새 제비물떼새 좀도요 종달도요 중부리도요 청다리도요 촉새 큰뒷부리도요새 큰물떼새 학도요 홍때까치 후투티 흰눈썹긴발톱할미새 흰댕기물떼새 흰물떼새 흰배뜸부기 흰배멧새 흰이마기러기 힝둥새

서로에게 멈춘 우리

내가 당신에게 새일까, 당신이 내게 새일까

종이의 반란

흰 종이에 손이 베였다

벌어진 틈 사이로 들어간
펄프 조각들

비릿한 피 냄새 맡고 빚어지는
손끝의 붉은 꽃망울

장기기억 저장고에 숨어 있던
파란 흔적들이 직립하는 순간이다

시퍼런 칼날이 되는 순간이다

말의 홍수

말이 넘치는 세상
남의 말은 듣지 않아요

말이 쏟아지는 세상
대화는 필요하지 않아요

말과 말 사이에 틈이 있듯이
소통이 필요하지만 무시하기로 해요

말이 홍수가 되는 세상에서
침묵의 시간은 존재하지 않아요

하지만 어디에 없나요
내 말만 들어줄 사람

새똥

평생 처음으로 산
차에
새똥이 떨어졌다

새똥은 독하니
발견 즉시 닦지 않으면
도장이 부식된다며
불혹 넘긴 남편이
물휴지를 꺼내 닦는다

독한 것이 새똥뿐일까?
가장 독한 것은
그동안 무심코 내게 뱉은
당신의 말인 것을

오래된 편지

당신, 나를 기억해?

낡은 책에서 툭 떨어진 편지가 말을 걸어왔습니다.

늦은 밤 도서관 계단에서 기말고사가 끝난 날 신간 서적이 꽂혀 있는 서점에서 일요일 아침 침대에서 뒹굴뒹굴하며 안부를 묻는 사람이 있었습니다.

나는 열심히 살고 있어!

그녀는 공자님 말씀을 들려주기도 했고 알아들을 수 없는 수학 공식을 친절하게 가르쳐 주기도 했고 목구멍이 포도청이라며 자격증을 이야기했었습니다.

아무 때나 찾아가도 될까?

안면도 붉은 노을을 끌고 온 그녀는 수안보 왕벚꽃을 터뜨렸고 남한강물이 우리의 발목을 간지럽히게 했었습니다.

휴식이 필요해!

〈

　원하지 않는 길 위에서 불투명한 꿈을 꾼다는 그녀가 꾸밈이 없으면 꿈을 꿀 수도 없는 거라며 빨간 우체통처럼 사라졌습니다. 그리고 가끔 모스부호처럼 수신인이 지워진 봉함엽서가 말을 걸어왔습니다.

　전환된 도로명 주소로 그녀를 호출하면 응답이 올까요.

주문 P

사진을 찍을 때는
개구리 뒷다리가 되기로 합니다

짧은 앞발은 최대한 오므리고
긴 뒷발은 쭈욱 늘립니다

무거운 입꼬리 끌어올리면
광대뼈가 승천하고
안면 근육에 눌린 눈은 초승달이 됩니다

당신에게 미소 보여주기 위해
사진을 찍을 때는 큰 소리로 외칩니다

위스띠띠 스빠게리
빠따따 무이꾸
우리는 김치
아빠는 무조건 위스키

행복이 카메라 앵글 안에서
조화로 피는 순간입니다

터득골

바람이 만드는 소리 듣기 위해
걸어놓은 풍경風聲

추가 흔들릴 때마다
붉은 동백이 피고 흰 목련이 흩어지는데
바람 싫어하는 고양이 수리는
지붕 위로 올라가 해바라기하고
서쪽 바닷가에서 온 해당화는
뿌리내리기 위해
앞산으로 넘어가는 꽃노을을 삼킨다

바람이 지나가고
풍경風聲이 소리를 만들고
그때마다
대봉시감나무 가지에 홍시를 매단다

풍경風聲이 풍경風景을 그리는 터득골
소나무 향기 아래에서
바람이 넘겨주는 책을 읽는다

2부

뱀의 유혹

그거 알고 있니 뱀이 다니는 길목에 빨간 열매가 열렸는데 그걸 먹기 위해서는 네 눈썹 한 올을 뽑아야 한다는 걸

친구들이 학교 가는 한낮 날름거리는 뱀의 혀가 닿았을지도 모르는 것을 용케도 찾아 네 입술에 빨간 물이 들도록 먹었지

해넘이에 너를 부르는 소리 산그늘에 묻어버리고 풀밭 논두렁 헤집고 다니다 독사에게 물려 발목이 벌겋게 부어오르는데 네 손에는 뱀딸기 한 움큼 뭉개져 있었지

울음주머니 달고 헤매다 돌아와 친정집 툇마루에 앉아 있는데 고향 땅 붙박이로 살고 있는 네가 새빨간 입술로 날 불렀지

속 시끄러울 땐 술이 최곤 디 뱀술 한잔할 텨

거미줄 치는

하루 종일 우울한 엄마가 식탁 앞에서 혼잣말하고 퇴직한 아빠가 소파 위에서 먼지 낀 한 권의 책이 되어가는 집이 있지요

마당 가로질러 외벽 따라가면 부엌 통해야 들어갈 수 있는 방 그때는 잠자고 밥 먹고 사랑을 나누었지요

첫 아이가 태어나고 방 두 개 있는 이층집으로 올라섰을 때 5단 서랍장이 생기고 프뢰벨 몬테소리 유아 전집이 책장에 꽂히고 점점 아이 물건으로 채워졌지요

궂은비 내리는 날 부추전 막걸리 한 병에 취하고 햇살 좋은 날이면 자전거 앞에 아이 하나씩 태우고 남한강 길을 달렸지요

그러다 번호만 알면 언제든 들어오고 나갈 수 있는 집에 살면서 낯선 눈길이 생겨나고 서둘러 네 귀퉁이 방으로 숨는 날이 많아졌지요

한 공간에 있으나 서로 다른 뒷모습은 불통의 기호를 만들어 아이들을 떠나게 하고 텅 빈 집 홀로 울림통을 키웠지요

〈

　일 년에 한두 번 북적거림이 어색한 풍경으로 그려지고 베란다 꽃기린이 가시를 세우면 가끔 거미줄 치는 집은 오래된 그림자로 낡아갔지요

그, 집.

허약한 천정이 내려앉은
그, 집.
뒤울이 지나갈 때 앓는 소리를 낸다

고관절이 삐그덕거리고
구멍 난 뼈마디에서
그, 집. 목소리가 낡아 간다

그리움은 남겨진 자의
몫이라고 했던가

신발이 사라진 댓돌은 깨지고
누마루가 거미를 품으면서
그, 집. 방들은
담벼락에 키재기를 그리지 않는다

별들이 뒤안길을 지나가고
부추꽃이 하얗게 피어나고
대파꽃이 제 속 비는 줄 모르고
여문 씨앗 골라 텃밭을 채운다

〈
민들레가 노란 꽃을 피우고
제비꽃이 보라 꽃을 피우고
꽃이 꽃을 피우는 동안
그, 집. 목소리는 사라져 간다

빨간 실타래 끈 따라간 그, 집.
지도에서도 찾을 수 없다

납부고지서

　수도꼭지가 헛돈다 세탁기가 멈춘다 변기에서 밤새 도랑물 흐르는 소리가 들린다

　누전차단기가 내려간다 방들은 스스로 침묵한다

　플러그와 연결된 텔레비전이 전파 잡기 위해 담을 넘는다 냉장고는 문제 해결하기 위해 A/S 기사를 호출한다

　그 집의 온기를 기억하는 보일러가 물과 전기를 끌어당긴다

　대청마루 지나 오른쪽 안방으로 왼쪽 건넌방으로 달렸던 발걸음이 소리를 내지 않는다

　한 달에 한 번 그 집을 방문하는 자의 숨결이 비밀스럽게 대문을 연다

　숫자가 호출되면 그 집은 부활을 꿈꾼다

　벌들의 날갯짓 아래에서 자란 채송화가 꽃을 피운다

〈

장대비에도 쓰러지지 않은 부추가 꽃을 피운다

밤하늘 별빛 먹은 달맞이꽃이 꽃을 피운다

꽃향기 맡은 그 집이 신호를 보낸다

첫사랑

그녀를 처음 만난 건 초등학교 1학년 때였습니다. 손으로 만졌을 때 차가웠지만 매끄러운 촉감이 참 좋았습니다. 차가우나 단단한 몸을 드러낸 그녀는 매혹적이었습니다. 그녀는 평소에도 예쁜 향기를 간직하고 있지만 물을 만났을 때 향기는 더욱 진했습니다. 물과 그녀가 하나가 되었을 때 나오는 혀는 부드럽게 제 손을 만지고 가끔은 거칠게 제 몸을 탐하기도 했습니다. 가끔 그녀는 큰 쥐를 홀리기도 했나 봅니다. 저를 배반한 그녀의 몸은 상처투성이였습니다. 이른 아침 설레는 마음 안고 만나러 가면 팽개쳐진 그녀는 처참했습니다. 깊고 긴 이빨 자국에 찢긴 몸은 전날 나를 유혹했던 존재가 아니었습니다. 그녀를 외면하지 못했습니다. 그녀가 품고 있는 향기가 너무 깊었기에 포기하지 않았습니다. 다시는 그녀가 곁눈질하지 못하도록 네모난 곽 안에 단단히 가두었습니다. 아침과 저녁 나를 만나는 순간 외에는 그녀를 곽 안에 묶었습니다. 하지만 그녀를 대신할 것들이 나타나자 과감히 버렸습니다. 대체품은 그녀보다 더 달콤했고 부드러웠습니다. 그러다 우연히 빈티지 향 전시회에서 그녀를 만났습니다. 그녀는 더 아름다워졌습니다. 요즘 제가 다시 그녀에게 푹 빠진 이유입니다.

지샌달

막내아들 앞세우고
살아온 세월이 부끄럽다더니

허리 수술한 칠순 며느리
수발 받는 것이 미안하다더니

빙판길에 미끄러지신 후
곡기를 끊으셨다

병원 가자고 애원해도
남은 자식 욕먹게 할 거냐고 원망해도
두 눈 꼭 감고 뜨지 않으셨다

열흘이 일 년처럼 지나간 후
아버지 기제사 다음날

서울 사는 양념딸 불러
목욕하고 미음 한 그릇 비우시더니
동살 비치는 아침, 지샌달이 되었다

수목장

그곳에 당신이 산다

당신은 날마다
눈물 바람이었다

눈물 먹고 자란 감나무는
홍시를 매달았다

감나무 닮아 속이 늙어가는
당신은 홍시를 땄다

홍시 안에서 나온
씨앗이 땅에 떨어졌다

오월의 감꽃 향기
기억하는 당신은
감나무 아래 새집을 원했다

처음부터 마지막까지

당신의 집이었던
감나무 아래 당신이 산다

꿈에서라도

아빠 기일에는
불을 켜 놓고 잠이 들었다

불빛 비치는 길 따라
꿈속에서라도
아빠가 내 손잡아 주기를 바랐다

아빠가 떠난 그해 가을은 추웠고
아빠가 떠난 이후의 가을은 늘 축축했다

삼우제를 지내고
사십구재를 지내고
아직 늙지 않은 아빠를 보냈다

살아온 세월만큼 버릴 것은 많았다

튜브 끝에 남아 있는 염색약을 버리고
새것이었던 츄리닝을 태우고
뒤축이 낡은 구두를 버리고
80cc짜리 오토바이를 폐기 처분하고

마지막으로 영정사진을 태우고
퉁퉁 부은 발목까지 버렸다

조상 꿈을 꾸면 복이 덩굴째 굴러온다는데
애초에 죽을 복이 없었던 아빠는
어쩌다 한 번 꾸는 꿈에서도 나타나지 않았다

장마에 대한 기억

바람길 내려오다 멈춘 텃밭에
옹달샘 하나 있었지요

이따금 수박 참외가 떠 있고
옆집 대추나무 우듬지가 머물다 가던 곳

노대바람이 올라오고 있다 했지요

낟알 품은 벼들의 허리를 묶고
서둘러 참깨를 베고
구멍 난 슬레이트 지붕 비닐로 덧대었지요

먼 산에서 천둥 번개가 달려오고
매지구름 장맛비 불러오니
동네 앞 개천이 벌창하였지요

돌담 무너져 마당과 마당 이어주는 고샅이 사라지고
앞산 뒷산이 내려와 신작로를 삼키었지요

횐 밤 지새운 붉은 눈이

서로 안부를 묻는 나달이 흘렀지요

불가물에도 마르지 않았던
옹달샘은 흔적 없이 사라졌지요

파꽃

당신은 씨앗 품으면서
자기 뼈에
구멍이 생기는 것을 몰랐다

자궁 안에서
씨앗이 둥글게 둥글게 여물수록
비워지는 것을 몰랐다

숭숭 뚫린 구멍 사이로
돋을볕이 들고
무서리가 내린 후에야
검은 씨앗 품었는데
제 허리 꺾어진 후에야
비로소 텅 빈 것을 알았다

환절기

아침과 낮
밤의 기온 차가 크니
누워 있는 하루가 길어진다

딱히 아픈 것도 아닌데
그냥 기운이 없다고
그냥 밥맛이 없다고

새벽마다
무릎에서 쇳소리가 나고
등짝에서 찬물이 흐른다 한다

똑똑 떨어지는 수액 바라보며
엄마와 딸이
지독한 환절기를 보낸다

너무나 큰 방

지금 이 방에 고요가 산다
하루에 한 번 혼자 켜졌다 꺼지는 텔레비전 원적외선온열치료기 공기압력맛사지기가 방을 지킨다

낡은 성경책이 외마디 비명을 질렀던 새벽 1시
그날 이후 새집을 증명했던 흰 벽의 귀가 밤마다 통증을 호소한다

사라지는 온기 붙잡기 위해 보일러를 틀고 커튼 열어 햇빛을 들이지만
절망한 희망은 침대 위 베개에 머리를 묻고 일어나지 않는다

방향 잃은 왼쪽 입을 비추었던 거울은 전깃줄 위 멧비둘기를 외면하고
힘없는 어깨와 다리가 들어갔던 목 넓은 스웨터 고무줄 바지는 더 이상 늘어나지 않는다

발자국과 함께 내딛던 지팡이가 나무로 돌아가는 꿈 꾸는 날이 많아지면

먼지 뒤집어쓴 하얀 실내화 얼룩에 자꾸 눈이 간다

매일 밤 전화선 타고 효인재활요양병원에서 도망 온 백 마리 羊들이 풀을 뜯는 이곳
지금 고요 속에 엄마가 산다

희망 고문

봄이 왔다고 말하지 말아요

어둑새벽에 엘리베이터 타고 올라오는 콩나물국 냄새를 가장 먼저 알아채지요
혈압 재러 오는 담당 간호사 마음이 달큼한지 새콤한지도 알아요

창문 밖 전깃줄 위 까치가 고개를 깃에 묻고 있는지도 보여요
산 아래 자작나무 위 지나가는 바람이 우듬지를 어떻게 흔드는지도 다 보이지요

꽃이 활짝 피었다고 전하지 말아요

따듯한 봄 향기 기억하는 무서운 욕망 깨우고 싶지 않아요

기대는 희망을 부르고 희망은 그리움을 키워요
그리움 싹은 자르지 않으면 대나무 뿌리처럼 휘감기지요

누워 있는 날들이 늘어나면 눈이 있으나 보지 않아도 귀가 있으나 들리지 않아도 코가 있으나 냄새 맡지 않아도 손이 있

으나 만지지 않아도 발이 있으나 가까이 가지 않아도 알 수 있는 것들이 많아지지요

  그러니 환한 봄날은 내게 보내지 말아요

옛집에 지금

집을 팔기 위해 부동산에 내놓은 이후
멀리 칠산바다 노을이 보이던
마당이 자꾸 찾아온다

아버지가 열사의 나라에 돈 벌러 가기 전
미장 연습하기 위해 쌓아 올렸던
시멘트 벽돌 담장이 보이고

십 년은 늙어 돌아온 아버지가
머리 큰 자식은 따로 재워야 한다며
새로 지은 방 두 칸짜리 별채가 보이고

무지개다리 건너기 전
논밭으로 시장으로 포구로 끌고 다녔던
100cc짜리 오토바이가 보이고

기억나지 않는 그림 속 흔적은
산돌림으로 물을 뿌리다 사라질 줄 알았는데
가끔 등짝을 간지럽힌다
〈

마당에 서면 파도 소리가
내 발목을 잡았던
해당화가 피어 있는 옛집에 지금
내가 서 있다

고향의 봄

　나의 살던 고향은 구름꽃 피지 않는 사우디서 돌아온 아버지가 쌓아 올린 블록담이 무너져 집유령거미가 주인이 된 집

　복숭아꽃 살구꽃 아기 진달래가 피었다 지지만 아무도 찾지 않는 곳

　울긋불긋 꽃 대궐 아름다운 동네 꿈꾸던 사람들이 살았던 죽담 위로 막걸리와 솔 부침개가 오고 가던 곳

　그 속에서 놀던 때가 그립지만 이제는 내 피붙이 한 명 살지 않아 낯선 타향이 된 곳

　꽃 동네 새 동네도 좋지만 언젠가 돌아갈 곳이라 꿈꾸며 살았는데 파란들 남쪽에서 마파람 불어도 지금은 지도에만 있는 마을

　냇가에 수양버들 꽃으로 유혹하지만 언제부터인가 낡은 양장본 앨범이 되어 버린 내 고향
　〈

그 속에서 놀던 때가 그립습니다

* 이원수 '고향의 봄' 노래 가사를 인용함

3부

나도바랭이새

밭에 풀들이 숨어 있다

파밭에는 파 닮은 풀이
부추밭에는 부추 닮은 풀이
시금치밭에는 시금치 닮은 풀이
얼굴을 숨기고 자란다

나무 그늘에서도 햇빛 찾아
거침없이 줄기를 뻗는다

먼지잼 먹고도 키가 자라는 풀은
강더위 아래에서는 허리 숙이고 있다가
오란비가 지나간 후에는
씨앗 품은 아청빛 날이 되어
온몸으로 저항한다

풀뿌리로 움켜잡은
흙살을 놓아주지 않는다

기생초

더 화려하게 보이고 싶었겠지
더 빨리 커지고 싶었겠지
그래야 더 봐줄 거라 생각했겠지

불볕더위에도 아랑곳하지 않고 피어
온통 강 둔치를 차지한

풀숲 환하게 밝혀
지나가는 발걸음 모조리 묶어버린

꼭 내 마음속 처음 들어왔던
그때 같아서
말더듬이 시간이 머뭇거리고 있는데

미친 듯이 씨 뿌려
대책 없이 제 영역을 넓혀버린 너

어느새 내 집 그늘까지 삼켜버렸다

지지 않는 꽃

싱싱하게 꽃을 오래 보기 위해서는
꽃병 물을 자주 갈아주어야 해

때로는 꽃병 안에 설탕을 넣기도 하고
차가운 얼음을 넣기도 하지

아직 꽃봉오리인 것은
관심 먹고 피어날 것이고
활짝 피어난 꽃은 더 예쁘게 피워
눈길을 끌어당기겠지

서로 눈 맞춘다는 것은
북극성 향해 함께 가겠다는 약속이야

메마른 꽃으로 걸려 있어도
당신이 바라보았다는 기억만으로
그 꽃은 지지 않을 거야

달콤한 흔적

달콤한 복숭아 담기 위해 병의 스티커를 뗀다

유리와 종이 사이 보이지 않는 틈을 찾지만
밀착만이 존재한다

떼려야 뗄 수 없는 관계처럼 단단히 붙은 공간
칼 대면 벌어지는 순간을 노린다

너의 이미지는 불쑥 찾아와 각인되었다

마음에 일어나는 느낌
가슴이 설레는 기분 직설적으로 표현하면
그게 시작인 걸까

도화선처럼 터지는 감정이 흘러내릴 때
주체하지 못한 격정 누르기 위해 껴안으면
그건 완성일 걸까

바람처럼 구름처럼 강물처럼 흘러갈 때
서로의 마음 붙잡지 못하고 외면하면

그건 이별인 걸까

병에서 스티커를 떼어낼 때마다
창문 밖에서 날 바라보던 네 눈빛을 읽는다

스티커를 뗄 때마다
사랑은 끈적한 실뿌리를 남긴다

부추

텃밭에서 무성히 자랐다

지난겨울 톱밥 아래에서 닭똥과 오줌
봄의 햇살과 바람 그리고 여름비 맞으며
튼실한 뿌리를 내렸다

어둑새벽 부추를 베어 담은
빨간 소쿠리 안에서 싱싱한 풀 냄새가 그득했다

그날 저녁
수탉이 된 남편은 암탉 뒤를 졸졸 따라다녔다

겨울 반성

더듬더듬 읽어도 해석되지 않는
외국어로 쓴 편지 한 장
내 무릎 위에 얹혀 있는데
남한강에서 불어오는 소슬바람
자꾸만 추운 풍경 속으로 밀어 넣는다
봄부터 가을까지 불렀던
달거리 노래도
가든하지 않아
어스름 겨울 앞에
두 손 놓고 서 있었는데
어느새 서리꽃
귀밑머리에 듬성듬성 피었다

* 달거리 : 경기 십이잡가의 하나로 월별로 노래하였다 하여 「월령가」라고도 한다.

달팽이 달리다

밤 건너가는 낡은 시간이
양 떼를 쫓아간다

갱년기 건너가는 여자의 달팽이관이
청신경을 두드린다

지리산 계곡 흐르는 맑은 물소리
메타세쿼이아 오솔길 지나가는 빗소리
몽돌 해변의 푸른 파도 소리
십리 대숲 위를 지나는 산들바람 소리

깊은 잠 속으로 자맥질하려는데
탄지리에서 마신 커피 한 잔이
동짓날 밤으로 끌고 간다

흰말이 새벽을 걸어오는 시간
달팽이 한 마리 달려간다

* 달팽이 달리다 : 잠잘 때 듣는 불면증 음악 나단의 '달팽이 달리다'에서 따옴.

외출

작달비가 밤낮으로 땅바닥을 두들긴다

풀기 마른 벽지에 비꽃 피어 심란한데
잠시 틈 보이는 잿빛 하늘
신발 꿰차고 밖으로 나간다

가두지 못한 빗물 너덜 위로 흐르는
용하구곡에 가볼까

붉덩물 안에 모든 것 담고 가는
목계나루에 가볼까

난바다에서 하얀 칼날 세우며 달려오는
호미곶에 가볼까

온종일 방 안에서 탈출을 꿈꾼다

봄바람

수요일 밤 그녀는 외출 준비를 한다

이른 저녁을 먹고
낯선 도시의 남편에게 다정한 안부를 묻고
몸의 곡선이 드러낸 요가복 위에 랩스커트를 걸친다

그녀가 걸을 때마다
시냇물 흐르는 소리가 난다

꽃바람이 시스루에 가려진
그녀의 팔목을 어루만지고 지나간다

하나둘씩 불 켜지는 이웃집 창문을 지나
꼬리 흔들며 큰 소리로 짖는 시베리아허스키를 지나
이웃집 담 넘은 복숭아나무 아래를 지나
마을 입구 행복센터로 향한다

세상에서 가장 가벼운 나비가 되기 위해
댄스댄스 춤을 추러 간다

미선나무

우리나라에서만 꽃 피운다는
미선나무
한 번도 보지 못했는데
물오름 달에 불쑥 보러 갔네

그윽한 향기 내뿜는
하얀 꽃송이 송이마다
사랑했었던 그대가 있었네

화들짝 놀라
왜바람으로 흔들리니
내 등을 당신이 받쳐주네

은행나무 두 그루

달강이 보이는 창문 밖 은행나무 서 있었지
암수 서로 사이좋게 마주 보며

봄이 오면
얼음장 아래 동자개 드나드는 모습 지켜보았지
가끔 갯버들 눈뜨는 소리 들으면서

옅은 강물 불어나
속 보이는 냉장고 세탁기가 떠내려가도
강바닥 긁어대는 긴 밤이 지나가도
꿈쩍하지 않는 은행나무로 서 있었지

가을이었어
은행나무 노랗게 물들어 갈 때
달강은 울음 삼키며 스스로 더 깊어졌지

강가에 된서리 내리고 녹은 눈이 너테 되어
사람들의 발자국이 지워질 때까지
〈

은행나무로 서 있는 당신과 나

무더기비

창밖에 뻬룬의 돌칼이 내리친다
삼 초 후 창문 때리는 소리

아파트 옆으로 자동차가 달려가고
길 위를 걷는 사람들이 우산 쓰며 걸어가고
너는 서둘러 베란다 창문을 닫는다

분홍색 비옷 입은 기상캐스터는
중부지방에 호우경보가 발령 중이라는데
나는 밥 짓고 카레를 만든다

남한강 둑 넘은 시뻘건 흙탕물이
텔레비전 밖으로 넘실넘실 흘러나오는데
너는 리모컨 버튼을 누른다

누군가는 빗소리 들으며 뜬눈으로 밤을 새우고
누군가는 빗소리 들으며 내일 아침을 걱정하는데
우리는 후라이드치킨에 밀맥주를 마신다

기차가 달려야 할 레일이 돌덩이에 묻힐 때

산의 허리 감싸던 흙이 무너질 때
멜로디 타고 안전안내문자가 날아온다

나는 축축이 젖은 거실 바닥을 걸어가
보일러 온돌 버튼을 누르고 너는 제습기를 튼다

검은 커튼이 사다리처럼 계속 내려온다

* **삐룬** : 빠룬(Pyarun)이라고도 불렸던 신의 이름은 동유럽 지역 농민들의 방언으로 뇌성, 굉음, 번개 등을 의미하는 단어이다.

달강의 위로

지난여름 강물의 반란을 기억하나요

상처 입은 흔적들이 아직 난무하는데
부표처럼 떠 있는 바위 품은 강물은 고요합니다

지나가는 나달은 그냥 두는 거라고
묵은 갈대 뿌리가 말합니다

기다림이 희망을 불러오는 거라고
빛나는 윤슬이 말합니다

오늘은 큰소리 내지 않고 흐르는
가을 달강이 말합니다

달이 따라온다

컴퓨터를 켜면 어젯밤 찾았던 네가 나온다

다시 만나야 하나

무시하고 내가 가고 싶은 길을 걸어간다

날. 봐.

부르지 않아도 시시각각 달려오는 너의 열정이 무섭다

단 한 번의 클릭으로 너를 선택하면

며칠 후 이름표 달고 내 문 앞에 서 있겠지

쉿, 비밀

이 세상에서
가장 빨리 달리는 놈이 있지

번개보다 빠른
쫓으면 쫓을수록 더 멀리 달아나는 놈

움켜잡으려 하면 자취 감추는
하지만 절대 꼬리는 잡히지 않지

그런데 그거 알고 있니
한눈팔지 않고 열심히 가고 있으면
어느새 네 곁에 와 있다는 거

네가 가고자 하는 길에서 벗어나지 않으면
그놈이 네 뒤를 따르고 있다는 거

그놈은 사람을 위대하게 만들지
그러나 가장 비참하게 만들기도 하지

놈이 없으면 어떤 이는 세상을 다 잃은 것 같다지만

놈이 전부가 아니라는 사람도 있어

놈의 가치를 인정하기에는
한 장의 종이 쪼가리일 뿐인데

이제 그놈의 이름 알겠니?

쉿, 절대 말하지 마
네가 그 이름 말하는 순간
너는 놈의 노예가 되는 거야

4부

새

　새들이 온몸으로 줄비를 맞고 있습니다 집으로 돌아가는 길이 묻힌 하늘 바라보며 날개를 접습니다

　새들은 비가 오는 날에 날개를 털지 않습니다 달빛 아래서 잠들 때처럼 기도하듯 날개에 목을 묻습니다

　여름 갈대숲에 숨어 있는 새들의 발자국이 흔들립니다 날개깃에서 떨어진 빗방울들이 물웅덩이를 만듭니다

　새들이 물웅덩이에 내려앉습니다 새들이 걸어갈 때마다 발자국이 동그란 파문을 그립니다

　비 오는 날 새는 슬픈 소리를 키우지 않습니다 물길이 된 물웅덩이에서 강물 바라보며 젖은 부리를 물속에 담급니다

　낮은 곳으로 가는 물길이 강물로 흘러가는 한낮 외발로 서 있던 새들이 숲으로 날아갑니다

엘렌델의 꿈

꿈속에서 선명했던 얼굴이
꿈에서 깨면 묵은 별이 되었다

꿈은 왜
과거형인지 알 수 없었다

미래를 암시하는 꿈은
새벽이면 엘렌델이 되어 멀어졌다

어떤 밤은 너무나 길어서 시간이 흐르지 않았고
어떤 밤은 너무나 짧아서 별을 찾을 수가 없었다

가끔 밤의 뒷면을 찾기 위해 헤매다 보면
꿈은 더 멀어져 갔다

눈길에서 벗어난 별들을 찾기 위해
오늘 밤도 잠을 잔다

아침이면 기억나지 않을 꿈을 꾼다

* 엘렌델 : 웹망원경으로 찾아낸 별로 지구에서 가장 먼 거리에 있음.

긴꼬리밀랍부리

휴게소에서 긴꼬리밀랍부리 닮은 꽃을 샀다

꽃부리가 붉다

앞산이 들어온 창가에 두었다

실뿌리가 물을 머금을 수 있도록

푸른 달빛이 머물고 갔다

속이 꽉 찬 바람이 지나갔다

가끔 예쁜 말도 들려주었다

그런데 도통 울지 않았다

꼬랑지가 바짝 말라 있었다

꼬리난초

남다히 그늘 바위

살품 파고드는 매운바람 이겨내고

푸른 촉으로 살아나

뜨거운 햇빛 품어

흰 향기로 피어나니

섬에서 섬으로 이어진

소롯길이 되었다

라임라이트 목수국

연둣빛 봄과
하얀 여름이 청양에 머문다

라임라이트 목수국 위에
벌 한 마리 내려앉는다

라임라이트 목수국이
뜨거운 여름을 부른다

라임라이트 목수국 위의
벌 한 마리
화들짝 놀라 날아간다

새파란 여름이
진저리나도록 떠나지 않는다

개망초

아무 곳에서나 싹 틔우길 원한 것은 아니었어

아무 시간 위에서나 자라나길 원한 것도 아니었어

가지 뻗고 뿌리 내린 것은 이름을 갖고 싶었기 때문이야

햇살이 부르지 않아도 사람들 눈길이 닿는 곳, 어느 들에서나 꽃을 피웠어

바람이 손잡아 주지 않아도 사람의 언저리에 머물 수 있는 곳, 어느 산에서나 꽃을 피웠어

둔치 넘은 강물이 사람들 마음을 어지럽히는 곳, 어느 강둑에서나 꽃을 피웠어

푸서리 위에서 지루한 기다림을 배웠어

개망초라는 이름으로 명명되었을 때 세상에서 가장 아름다운 꽃을 피웠어

선운사 품다

후드득후드득 내리는
여우비 비껴갔지

소나무 닮은 송악 바위에 붙어
나무 기둥이 된 길 걸어갔지

푸르게 얼굴 헹군 애기단풍 사이로
내림빛 담은 도솔천 따라갔지

서릿바람 올 때까지 꽃봉오리 피워 올려
대웅보전 앞 뜨락에 가득 찬
붉은 배롱나무 향기

여름비 그친 선운사를 품었지

목어

물고기가 하늘을 난다

선들바람 누마루 지날 때마다
방문 고리 잡고 당신이 들어온다

숫눈 밟으며 당신과 찾은
동화사에서 들고 온 풍경이
불러온 산그림자가
온종일 내 속에서 한바다를 부른다

봄, 부르다

소소리바람
사천개 따라 달려왔지요

밤새 신열 앓던 진달래 꽃망울
겨울 귀잠에 든 금봉산 흔들었지요

호암지 따라 직립해 있는 벚나무
흔들어 깨우는 것은 누구의 노래인지요

물결이 부르는 봄의 호명에
대답하는 사람은 지금 어디 있는지요

이카루스 날개

라비린토스 탈출한
개미가
하늘을 난다

수개미가 날아오르고
공주개미가 날아오르고

더 멀리
더 높이
날기 위해
가슴을 펼친다

사랑을 완성하기 위해
개미는
이카로스 날개를 훔친다

* 라비린토스 : 미궁(迷宮)을 의미하는 그리스어.

닻별

아침에 일어나면 감귤이 생각났다

길 가다 스쳐 가는 사람에게서 감귤 향기가 났다

너에게로 가는 모든 길을 찾고 싶었다

기차 타고 떠난 너는 돌아오지 않았다

사랑한다는 달콤한 문장은 더 이상 이어지지 않았다

나는 닻별이 되기로 했다

함부로

첫비 건너온 풀은
호미 날로 긁으면 된다

날비 지나온 풀은
호미 끝으로 찍으면 된다

하지만 불더위 건너
큰비 지나온 풀은
낫으로 베어내야 한다

사람도 그렇다

함부로 사람을 마음에 들이면
당신의 온 가슴 도려내야 한다

화귀 火鬼

서라벌이 타올랐다

감히 그림자조차 밟을 수 없는
여왕을 향한 그리움이 동해 파도를 키우고
하얗게 핀 메밀꽃은 서라벌을 향했다

말고삐 잡았던 손이 야위어 갔다

바람은 바람 타고 월성月城 담을 넘어
여왕의 얕은 귀를 꿰어
서라벌에서 영묘사까지 연등을 걸게 했다

연등마다 흘러나온 불빛에 서라벌이 물들었다

여왕이 불전에 향 피우고 돌아서 나오는데
목탑 아래 파리하게 잠이 든 지귀
차마 깨우지 못하고 뒤돌아섰다

으스름달에 일어나니
가슴 위에서 빛나는 황금 팔찌

〈
치밀어오르는 화에
지귀, 서라벌을 삼켰다

* 지귀(志鬼) : 신라 시대 선덕 여왕을 짝사랑하다가 죽어 화귀(火鬼)가 되었다는 인물로 심화요탑 설화의 주인공.

당단풍나무

설악雪嶽에서 내려온 푸른 파도가

빛의 속도로

시간의 화살을 타고 스민다

손바닥 내보이며

붉은 꽃보다 더 강렬하게 다가와

나를 붙잡고 놓아주지 않는 당신

가을에는 온몸이 뜨겁다

한파주의보

　내일 아침 기온은 영하 8도 오늘보다 10도 이상 기온이 빠른 속도로 하강합니다. 밤새 찬 기운이 애정의 틈을 노릴 것이니 두꺼운 커튼 쳐주시기를 바랍니다. 추위를 쫓기 위해 과도한 표현은 적극 추천합니다. 며칠 간의 따뜻한 기억으로 허락되었던 뜨거운 입맞춤은 외출 금지입니다. 부득이 외출할 때는 당신의 사랑을 지속할 수 있는 붉은 포도주 한 병 치즈 한 덩어리 미리 준비하시기를 바랍니다. 두 눈은 19금 채널에 고정하고 라디오 안내방송에 귀를 열어주십시오. 이때 BGM은 쇼팽의 피아노 협주곡 제2번 2악장 '라르게토'입니다. 북서쪽에서 내려온 시베리아 기단이 밤새 머물러도 신체 접촉은 멈추지 말기 바랍니다.

　그대들의 카타르시스가 북태평양 고기압을 불러올 수 있기 때문입니다.

■□ 해설

투명한 서정의 울림, 그리고 사람다움

김효숙(문학평론가)

　안애정 시에는 자기 앞의 삶을 순정한 마음으로 대하는 이가 있다. 그의 언어는 자신이 몸담고 살아가는 곳의 자연을 닮은 소리의 울림을 지녔다. 인공이 가미된 제조물이라는 느낌이 없는 시, 어휘 하나하나에 시인의 성품이 배인 시를 쓰면서도 때로는 과감하게 자기 해부를 단행한다. 말을 아껴 정제된 언어로 쓰는 안애정의 시는 가장 마지막까지 남은 언어의 알맹이라 해야 한다. 이야기가 살아 있으면서도 서사를 앞세우지 않으며, 지적인 사치를 부리지도 않고, 우리말을 찾아 쓰면서 서정을 잃지 않는다. 그가 선택하는 언어는 마음의 지향에 잘 맞는 풍모를 지녔으며, 진정한 마음을 담아 의미의 지층을 만들고 있어서

울림이 깊다.

시인에게 삶의 조건은 어떤 식으로든 문명적인 사건이 연속되는 상황과 연접해 있을 가능성이 크다. 그런데도 안애정의 시 세계가 문명과 먼 곳에서 열리고 있다면 우리는 그 이유를 생각해 보아야 한다. 시인이 회복하고자 하는 세계와 시적 세계를 분리하기 어려운 경우일 것이므로 그것이 단지 과거를 회고하는 차원에 머물지는 않을 것이기에 그렇다. 안애정은 도시인의 투쟁적인 삶을 이야기하기보다 인간 삶의 본질적인 접경으로 천착해 들어간다. 삶 자체의 경험에 밀착하면서 자연 가까이, 그리고 가족 가까이로 다가간다.

근대화 기획 이후 우리는 본연의 자연은 물론이고 정신적 가치마저도 어느결에 많이 잃어버렸다. 안락한 삶의 추구는 산업화에 따른 속도 경쟁과 맞물려 돌아가고, 쉼 없이 발전 가도를 달리는 경제 체제에서 영원히 행복을 누리는 꿈을 꾸었다. 근대화는 자연스레 서구화와 연결되고, 서구 정신의 유입으로 우리의 정신은 설 곳을 잃었다. 안애정의 두 번째 시집 『그냥이라는 말』은 초 단위로 시간을 재면서 도시의 소음과 속도를 '발전'이라는 긍정적 가능성으로 통합해 버린 우리에게 느리게, 그리고 사람답게 사는 방식을 일깨운다.

지금 여기서 시인이 불러내는 일상사는 추억을 추수하는 방

편이기보다 누군가를 기억하는 일에 대한 인간의 윤리를 반영한다. 이때 그 사람은 지난 시간 속에 묻혀 망각 일로에 놓인 대상이 아니며 화술 주체가 살아 있는 한 부단히 환기되는 존재다. 그래서 안애정에게 기원의 존재는 시간을 초월하여 자신의 현재적 삶에 동행하는 사람이라 말해야 한다. 현재의 '나'를 가능케 한 사람이면서, 과거의 형태로 고정되어 있을지라도 그런 이유로 재차 환기되면서 지금의 나를 강화하는 존재다.

  1부에서는 주로 말의 쓰임과 효과에 관한 이야기를 펼친다. 말이 범람하는 세속에서 진정 필요한 말의 쓰임에 관한 사유에는 사람 냄새 나는 관계의 지속성을 바라는 마음을 담았다. 이런 점이 말을 사용하는 인간의 본질을 질문하는 것으로 이어진다. 우리 삶의 일부였던 자연물이 사라지면서 그것을 표현하던 언어도 사라진다는 점을 낱낱이 그 이름을 부르면서 환기한다. 2부와 3부에서는 가족과 집의 관계를 다루면서 생태적 사유로 진전한다. 가족과 집의 관계를 떠올릴 때 도시 또는 비도시라는 지형은 누구에게나 예외 없이 작동할 것이다. 안애정에게는 가족과 집이 '자연다운' 형상으로 의식에 자리잡혀 있다. 4부에서는 지금 이곳 현실사회에서 진행되고 있는 문명적 변화와 문명의 현주소를 예리하게 포착한다. 자본 체제의 하수인으로 전락

하지 않기를 바라는 시인의 마음에는 원형 공간이 펼쳐져 있다.

1. 인간의 말과 그 성분

  상호 무난히 양립할 수 없는 가치 중에는 이런 것도 있다. 하나는 되도록 말수를 줄여야 한다는 것, 다른 하나는 말을 잘해야만 사회적 소통이 원만하게 이뤄진다는 인식이다. 사람 간 관계에서 말이 막중한 역할을 하지만 발화자의 의도와 달리 듣는 이가 그 말을 왜곡하는 경우가 다반사다. 의도치 않았으나 언어 과잉은 흔히 발생하고, 상황에 맞게 균형감각을 갖추지 못하여 낭패인 경험은 차라리 말의 무용론을 들먹이게 한다. 시인은 말이 범람하는 세계에서도 그 말과 다른 말을 구사하므로 시인이며, 이 세계에 떠도는 언어를 채집하여 썼다 하더라도 고유의 파롤을 내포한 언어를 생산하므로 특별한 사람이다. 시인의 외부에서 통용되는 랑그가 시인의 영역으로 넘어오면 "혀만 함부로 놀리지 않으면/몸에 꽃이 핀단다"(「토정비결」)라는 아포리즘으로 피어난다. 서시 격인 이 시를 시작으로 안애정은 말의 화용론을 사유하면서 사람 사이에 오가는 말의 효능을 세심히 살핀다.

시 한 편을 명사로만 쓰거나, 엄연한 명사를 동사라 칭하며 그 성격에 변화를 주고, 어순을 도치하여 상반된 의미를 추구하며, 사람 간 관계에서 대화 형식의 중요성을 사유한다. 말의 독한 성분과 배설 행위를 일치시키는 발상으로 이 세계에 떠돌아다니는 말의 포집기 같은 존재가 시인임을 시사한다. 세상의 말이 시인에게 오면 어떤 부사는 타자와의 소통을 꾀하는 연결사로 변환하거나, 종결 지점을 모른 채 끝말잇기로 이어지는 관계사로 바뀌기도 한다.

아침과 밤이 돌고 돌아가는 길 위에서 그냥이라는 말이 접속사의 무게로 다가설 때가 있음을 알았지

네가 던진 그냥이 포함된 문장을 해석하기 위해 어느 낮에는 온종일 걸어 다녔고 어느 밤에는 풀밭 위에서 돌아다니는 양들의 수를 세었지

― 「그냥이라는 말」 부분

어떤 말은 새로운 재미를 위해/카카오 펑 틱톡 네이버 숏폼이 되는

〈

명사와 명사가 부딪히며/만들어가는 소리 끝말잇기

　　혀를 꼬며 신조어 만들 듯/한 방 먹이기 위해 끌어오는 두음법칙

　　우리의 아름다운 끝말잇기/언제 끝나는 걸까

　　　　　　　　　　　　　　　－「끝말잇기」 부분

앞은 상대방이 무심코 던진 '그냥'이라는 표현이 화자를 마냥 생각에 빠져 있게 하고, 잠 못 들게 하는 정황을 말한다. "그냥이라는 말"이 "관심을 요구하는 말이었"음을 알기까지 지나간 무수한 낮과 밤 동안에 시인은 의미 없음의 발화가 의미를 만드는 부사의 역할을 물으면서 '그냥'의 화용론을 거듭 생각했을 것이다. 현실은 그에게 아무런 변화도 안겨 주지 않지만, "너를 그냥 기다리기로 했"다는 언명으로 관계의 지속성을 바라는 마음을 담았다. 이 같은 마음은 다음 시로도 이어진다. 말놀이를 유쾌하게 벌이는 여기서 명불허전의 고수는 "두음법칙"을 이용하여 승기를 잡아 나가려 할 것이다. 예컨대 앞사람이 '머리'라 발음하여 뒷사람을 골탕 먹이려 할 때 뒷소리 '리'를 두음법칙에 따라 '이'로 받아 '이유'로 끝말을 이어가는 식이다. 앞의

주자가 살아 있으므로 다음 주자가 그의 말을 받아 자신의 생존을 궁리하는 말놀이이기에 끝말잇기는 기어이 다음 말을 끌어들여 살아 있기를 꾀하는 놀이다. 누군가의 승리는 다음 주자와 선순환하는 구조 안에서만 의미가 있다. 두 편의 시에서 화자가 바라는 관계성은 언제 종결될지 모를 "우리의 아름다운 끝말잇기"를 지속하는 일이다. 말이 아름다울 수 있는 세계는 관계 간 웃음을 유발하고, 유쾌한 기분을 불러일으키며, 피차 오래도록 즐거움을 나누는 일로 이어진다.

「바람은 동사(動詞)다—四季」에서 시인이 명사를 동사라 일컫는 것은 사계절 순환하는 바람을 그 움직임의 현상으로 포착했기에 가능한 말하기다. 아담의 언어에서 '명사'는 사물의 명명이지만, 시 현실에서 명사는 그 명명법에 매이지 않는다. 명사가 자발적인 '하기'의 주체가 된 것은, 아담 이후의 시인이 이것을 '동사'로 지정하는 문법 파괴 또는 변용으로서의 말하기다. 동사인 '바람'이 '시'라는 우주 안에서 마흔 개의 색채로 활발하게 유동한다. 우리말 어문 규정으로는 가능하지 않은 '하다 동사'가 탄생하는 이 현장은 매우 흥미롭다. 시인이 바람의 이름만 써놓고서 "바람은 동사"라고 지정하여 언어의 사회적 기능인 랑그를 벗어났으므로 이제 막 태어난 시인의 파롤이 언어의 우주를 자유롭게 누빌 수 있게 되었다.

「나그네새」에서도 명사로만 존재하는 하나의 군집이 있고, 이들은 제각기 다른 이름을 지닌 철새들이다. 하나하나 이름을 불러 주지만 군집을 이뤄 살아가는 생태는 인간과 별반 다르지 않다. 서로에게 철새나 다름없는 너와 나일지라도 "우리"의 관계 안에서 "서로에게 멈춘" 존재로 살아가기를 시인은 바란다. 나아가 말이 범람하는 세태도 성찰한다. 이는 "침묵의 시간은 존재하지 않"(「말의 홍수」)는, 너무나 말이 많은 인간관계에 대한 반작용이며, 다른 한편으로는 "독한 것이 새똥뿐일까?"(「새똥」)라는 의문문에 담긴 것처럼 배설 행위와 다름없이 본능적으로 쏟아내는 말에 대한 풍자일 테다.

2. 가족과 집의 원형, 그리고 원초적 생명

아름다우면서도 위험한 자연의 모습을 그리는 안애정 시인의 심미안에는 가식이나 장식이 조금도 없다. 자본을 앞세운 산업화로 비대해진 도시 문명 속에서 살아가면서도 사람 냄새 나는 이야기를 들려주면서 많은 이들이 잊고 있는 원형 공간으로 들어간다. 현실을 비극으로도 희극으로도 보지 않고 좀 더 근원적인 곳으로 나아가는 데서 읽히는 것은 그에게 내성화되어 있는 자연스러움으로 자연과 교감하는 능력이다. 이는 시인이 도시인으로 살아가면서도 내면 깊숙이 성격화되어 있는 것으로 보인다. 그래서 때로는 그의 시를 해석하면 의미를 훼손한다는 생각마저 든다. 시인의 소소한 일상을 환기하는 시편에서 우리가 누릴 수 있는 것은 그의 경험에서 우러나는 정감 어린 언어 효과다. 그중에서도 자연에서 일어나는 일은 결코 홀로 완성되지 않지만, 우주의 조화로운 합창처럼 들릴 때가 있다.

> 지난겨울 톱밥 아래에서 닭똥과 오줌
> 봄의 햇살과 바람 그리고 여름비 맞으며
> 튼실한 뿌리를 내렸다
>
> -「부추」부분

감정을 절제하고 현상 위주로 기술하는 시다. 지금 무성히 커가는 부추는 온 우주의 도움이 있어야만 생명성을 구가할 수 있다. 톱밥·닭똥·오줌·햇살·바람·여름비처럼 하찮아 보이는 현상들일지라도 부추의 생장에 관여하는 불가분의 외부 조건이다. 인간도 이와 다르지 않다. 자기 바깥의 물질 토대가 없이 전적으로 인간의 능력만으로 인간일 수 있는 경우는 없다. 생명체와 비생명체를 막론하고 상호 관여하는 사이클 안에서 자신의 고유성을 유지한다. 「기생초」에서처럼 그늘에서도 왕성한 생명력을 과시하며 무성하게 자라는 식물에게는 "미친 듯이" 만큼 걸맞은 표현은 달리 없어 보인다. "온통 강 둔치를 차지한//풀숲 환하게 밝혀/지나가는 발걸음 모조리 묶어버린" 야생초의 생명력을 시인은 마음을 비운 채 대하고 있다. 풀은 풀대로, 꽃은 꽃대로, 사람은 사람대로 자신이 지닌 생명력을 발휘하는 것이 사뭇 자연스러운 일이다. 기생초가 "내 집 그늘까지 삼켜버"렸다면서 자기 영역을 되찾고자 하는 건 인간의 법칙일 뿐 기생초도 자신의 생명 조건에 맞는 곳이면 어디서든 유전자의 숙명을 감당한다. 그곳은 인간에게 할당된 영역도, 기생초가 전유한 영역도 아니며, 때에 따라 어느 쪽에서든 자의적으로 사유화할 수 있는 열린 공간이다. 함께 어우러져 살아가는 자연의 일속으로서 "파밭에는 파 닮은 풀이/부추밭에는 부추 닮은 풀이/시금치밭에는 시금치 닮은 풀이"(「나도바랭이새」) 어우러져 유유상종하는 것이 자연의 생리다.

올챙이가 유영한다

올챙이가 축축한 이끼꽃을 피운다
〈

올챙이가 꽃향기 맡으며 하늘을 난다

－「올챙이 하늘을 난다」 부분

  마흔세 개의 비 종류를 명사로 내려쓴 뒤 위의 3행 시구가 이어진다. 땅 위에 있어야 할 생명체의 위치를 하늘로 바꾸어 무정물인 비를 유정물인 올챙이로 전환하는 효과를 낸다. '비'가 쏟아져 내리는 형상을 올챙이로 이미지화한 동화적 발상이다. 기표로 나열한 비 종류만으로도 자연의 순환계는 이상이 없다는 감을 안기면서 시인의 생태관을 압축한다. 미물일수록 간절한 생명수일 법한 빗줄기를 올챙이에 빗대어 유쾌한 움직임이 춤을 추듯 펼쳐지는 생태계다. 시인만이 보아낼 수 있는 세계에서 만유는 공평하게 순환의 기류를 타고 생명성을 구가한다. 다음은 나무의 기억을 불러일으키는 사건 하나를 시화한다. 인간은 몇 층 높이의 나무를 베어내지만, 얇은 종이 한 장이 그 인간을 위협할 수 있다는 전언을 담고 있다.

흰 종이에 손이 베였다

벌어진 틈 사이로 들어간
펄프 조각들

〈
비릿한 피 냄새 맡고 빚어지는
손끝의 붉은 꽃망울

장기기억 저장고에 숨어 있던
파란 흔적들이 직립하는 순간이다

시퍼런 칼날이 되는 순간이다

— 「종이의 반란」 전문

    집 바깥의 생태를 세심하게 살핀 시인은 이제 집안 이야기를 준비한다. 산업화 시대에 이동 인구가 늘면서 대도시와 원거리의 지역이 공동화한 현상은 「고향의 봄」에서 그리고 있듯이 "지도에만 있는 마을"을 만든다. '고향'이라는 이름으로 의식을 점령하고 있으면서도 그곳을 '타향'이라 부르는 것은 "피붙이 한 명 살지 않아 낯"설어져 버린 데 이유가 있다. "양장본 앨범"에 단편적인 배경으로만 존재하는 마을은 이제 공동체마저 깨져 텅 비었다. 쑥쑥 성장하는 자녀에게 내줄 방을 손수 증축했던 아버지의 집을 당신의 사후에도 매매하지 못하고 우두커니 서서 먼바다를 바라보는 화자의 심정(「옛집에 지금」)을 보건대 집은 「그, 집」에서 그리고 있듯이 기억에 의지하여 찾아갈 수 있을 뿐 지도에서 사라져 지금은 "앓는 소리를" 내는 생명체나 다름없다. 때로는 냉담한 기류가 압도하면서 "불통의 기호"(「거미줄 치는」)가 가족의 평화를 깰 때도 있으나, 「납부고지서」에서 시인이 실감하고 있듯이 집은 사람의 발길이 끊기지 않는 한 언제나 온기를 유지하는, 인간의 신체를 닮은 유기체다.

그런 집에서 아버지 중심의 가족이 형성되지만 우리 시는 번번이 부실한 아버지, 있으나 없는 아버지를 말해 왔다. 그러나 안애정은 가족에게 충실했던 본연의 아버지상을 이야기한다. 가족을 '원초적 사회화의 주요 기관'(앤서니 기든스·필립 W. 서튼, 김봉석 역, 『사회학의 핵심 개념들』, 동녘, 2015, 268쪽.)이라 한 것처럼 '나'라는 주체가 있는 한 아버지·어머니가 이룬 가족 원형도 사라질 수 없다. 시인은 아버지와 어머니의 일화로부터 한 가족의 존립이 가능했던 이야기를 펼친다. 사랑과 존경도, 미움도, 회한도 개입시키지 않고 담담하게 부모님을 향한 그리움, 명분으로 그치지 않는 부모상에 관하여 이야기한다. 해외 건설 근로자로 10년간 근무하다 돌아와 가족이 함께하는 거주 공간을 성심껏 축조하고(「고향의 봄」), 한창 커가는 자식을 위한 배려로 손수 방을 증축하는 아버지상(「옛집에 지금」)을 보여주면서 그가 결코 상상으로 구성된 허상이 아님을 전한다.

환상 속에서 완벽한 대상을 꿈꾸는 소녀의 감수성으로 만나는 아버지가 아닌, 인간의 근육을 지닌 실제의 아버지를 시화한다. 이는 시인이 성장기 신화에 매몰되지 않고 현실의 아버지를 바라본다는 의미가 있다. 그런 피붙이이기에 "환한 봄날을"(「희망 고문」) 병실에서 함께하며 부모님의 마지막 시간을 마주하는 일은 곤혹일 수밖에 없다. '봄'이라는 희망의 메타포와 '병실'이라는 절망의 메타포가 충돌하면서 희망 고문이 가해진다.

3. 마음의 폐허를 달래주는 사람

안애정 시는 생명을 지닌 자연의 일속으로 살아가는 어느 개인이 자신에게 주어진 하루를 잘 감당하고 있다는 인상을 안긴다. 살아가는 이유에 대한 의심이나 불만, 비판적 시각, 도시인이 지닐 법한 경쟁적 혈투를 노골화하지 않아서 편안하게 읽힌다. 이런 점이 시인의 현실 인식을 한쪽으로 편향된 것으로 재단하기 쉬운 조건이기는 하다. 그러나 시인이 지닌 정서가 서정시를 밀어 올리는 것을 보면 이는 매우 자연스러운 현상이다. 자연다운 인간의 면모와 자연다운 시언어에 인공적인 것이 개입할 여지는 없어 보인다. 자신이 태어난 집이 소멸하듯이 자신을

낳은 부모님도 세상을 뜨는 사건 속에서 마음의 폐허를 앓는 현대인에게 자본을 앞세운 인간관계는 더욱 불모를 부추길 뿐이다.

    이 세상에서
    가장 빨리 달리는 놈이 있지

    번개보다 빠른
    쫓으면 쫓을수록 더 멀리 달아나는 놈

    움켜잡으려 하면 자취 감추는
    하지만 절대 꼬리는 잡히지 않지

    (중략)

    그놈은 사람을 위대하게 만들지
    그러나 가장 비참하게 만들기도 하지

    (중략)

쉿, 절대 말하지 마

네가 그 이름 말하는 순간

너는 놈의 노예가 되는 거야

-「쉿, 비밀」 부분

알면서도 모른 척해야 할 어휘 하나를 끝내 입속에서 맴돌게 한다. 최소한의 말로 핵심을 찌르는 안애정의 화법은 이 시에서도 유감없이 발휘된다. '놈'으로 하여 노예로 전락한 문명인의 자본 욕망에 주목하여, 문명사회의 일원인 모든 '너'들에게 놈을 불러들이지 말라고 이른다. 시인이 줄곧 순정하고 투명한 정서를 시에 옮겼듯이 '너'들도 꽃의 이름, 바람의 이름, 곤충 등 미물의 이름을 불러 줘야 할 사람이라는 점을 상기시킨다. '놈'이 물질인 점은 의심의 여지가 없으나 시인이 금기의 영역에 가두었기에 우리는 이것을 밟아서도 발설해서도 안 된다(며 말을 단속한다). 우리의 신분을 순식간에 노예로 바꿀 만한 가공할 위력이 '놈'에게 있기 때문이다. 하지만 이미 숱하게 저질러 버린 호명으로 놈의 노예가 되어 있는 우리가 지금의 상태를 벗어날 수 없다는 게 더 큰 문제다. 놈의 노예로서 그 이름을 불러대는 주술 효과로 얻는 것이 더 많다고 우리는 믿지만 시인은 그 이름에 대하여 입단속을 시킨다.

사람답게 살고자 하는 열망이 좌절될 때 시인의 바람은 결코 거대한 것이 아니다. 시인이 머물고 싶은 세계란 "속 시끄러울 땐"(「뱀의 유혹」) '너'가 "뱀술 한잔"으로 유혹의 말을 건네는 바로 그곳이다. 원형의 공간인 그곳과 언제든 접속할 수 있다는 기대만으로도 시인은 살아갈 힘을 얻는다. 말의 기원을 타자 유혹으로 본 이 시를 시작으로 시인은 자타 간 유대감을 말의 쓰임으로 짚어 나간다. 자본과의 거리 조정을 권유하면서도 바람직한 인간관계에서는 짐짓 유혹의 말을 승인하겠다는 그의 자세는 사뭇 인간 친화적이다. 원형의 공간에서 지금 이곳에 도착한 '너'의 이 말, "뱀술 한잔할 텨"만큼 지독하게 사람 냄새를 풍기는 말은 이 시집에 달리 없어 보인다.